BEI GRIN MACHT SICH IHR WISSEN BEZAHLT

- Wir veröffentlichen Ihre Hausarbeit, Bachelor- und Masterarbeit
- Ihr eigenes eBook und Buch - weltweit in allen wichtigen Shops
- Verdienen Sie an jedem Verkauf

Jetzt bei www.GRIN.com hochladen und kostenlos publizieren

Bibliografische Information der Deutschen Nationalbibliothek:
Die Deutsche Bibliothek verzeichnet diese Publikation in der Deutschen Nationalbibliografie; detaillierte bibliografische Daten sind im Internet über http://dnb.d-nb.de/ abrufbar.

Dieses Werk sowie alle darin enthaltenen einzelnen Beiträge und Abbildungen sind urheberrechtlich geschützt. Jede Verwertung, die nicht ausdrücklich vom Urheberrechtsschutz zugelassen ist, bedarf der vorherigen Zustimmung des Verlages. Das gilt insbesondere für Vervielfältigungen, Bearbeitungen, Übersetzungen, Mikroverfilmungen, Auswertungen durch Datenbanken und für die Einspeicherung und Verarbeitung in elektronische Systeme. Alle Rechte, auch die des auszugsweisen Nachdrucks, der fotomechanischen Wiedergabe (einschließlich Mikrokopie) sowie der Auswertung durch Datenbanken oder ähnliche Einrichtungen, vorbehalten.

Impressum:

Copyright © 2018 GRIN Verlag
Druck und Bindung: Books on Demand GmbH, Norderstedt Germany
ISBN: 9783668872769

Dieses Buch bei GRIN:

https://www.grin.com/document/457205

Anonym

Aus der Reihe: e-fellows.net stipendiaten-wissen

e-fellows.net (Hrsg.)

Band 3011

Biometrische Authentifizierungssysteme in Autonomous Intelligent Logistic for Distribution

GRIN Verlag

GRIN - Your knowledge has value

Der GRIN Verlag publiziert seit 1998 wissenschaftliche Arbeiten von Studenten, Hochschullehrern und anderen Akademikern als eBook und gedrucktes Buch. Die Verlagswebsite www.grin.com ist die ideale Plattform zur Veröffentlichung von Hausarbeiten, Abschlussarbeiten, wissenschaftlichen Aufsätzen, Dissertationen und Fachbüchern.

Besuchen Sie uns im Internet:

http://www.grin.com/

http://www.facebook.com/grincom

http://www.twitter.com/grin_com

Inhalt

1. Einleitung 1
2. Hauptteil 2
   2.1 Begriffliche Klärungen 2
   2.2 Arten von Authentifizierungssystemen: traditionell vs. biometrisch 2
   2.3 Aufbau von biometrischen Systemen 3
      2.3.1 Darstellung des Enrolments 5
      2.3.2 Betriebsmodus Verifizierung 6
   2.4 Vergleich und Auswahl von biometrischen Authentifizierungssystemen 7
      2.4.1 Gesichtserkennung 8
      2.4.2 Stimmerkennung 9
3. Resumee und Ausblick 10
Abbildungsverzeichnis 11
Literaturverzeichnis 11

1. Einleitung

Das folgende Kapitel thematisiert biometrische Authentifizierungssysteme und deren Einsatz innerhalb des Konzepts Autonome Intelligente Logistik für die Distribution (im Folgenden unter „AIDL" abgekürzt). Biometrische Authentifizierung ist eine Alternative zu traditionellen Authentifizierungen wie Bestätigung der Identität durch Wissen (z.b. Eingabe einer PIN) oder durch Besitz (z.b. Smartcard) und zeichnet sich durch das Ausweisen mithilfe von biometrischen Merkmalen aus. In welchen Situationen, aus welchen Gründen und vor allem welche bestimmten biometrischen Authentifizierungssysteme innerhalb von AILD eingesetzt werden, wird im Verlauf der Arbeit beschrieben. Dabei liegt der Fokus mehr auf dem Aufbau der biometrischen Systeme und der Beschreibung seiner Teilsysteme, und nicht auf der Auswahl von Methoden zur technischen Umsetzung solcher.

Alle Situationen, in denen der Kunde sich ausweisen muss und mit einer Maschine interagiert, damit etwas ausgetauscht wird, sind prädestiniert für die Verwendung von biometrischer Authentifizierung. Hierbei werden folgende Annahmen getroffen: jeder besitzt einen Account, bei dem die biometrischen Merkmale hinterlegt sind. In diesem Account können Lieferpräferenzen eingestellt werden. Beispielsweise sei die erste Präferenz ein festgelegter Ort (z.B. Annahme zu Hause oder bei der Arbeit, wenn vorhanden Ablage im Garten, auf dem Balkon). Wenn dies nicht eintrifft, sei die nächste Präferenz, die Bestellung in die nächste Packstation liefern zu lassen usw. Folgende Fälle für eine biometrische Authentifizierung seitens der Kunden sind dabei möglich:

- **Fall I**: persönliche Annahme an vorher festgelegtem Ort
- **Fall II**: persönliche Annahme an einer Packstation
- **Fall III**: persönliche Abgabe (z.B. Retoure) an einer Packstation (ggf. verknüpft mit Bezahlung)
- **Fall IV**: persönliche Annahme bei „dynamischer" Lieferung mit Tracking (z.B. Kaffee in der Innenstadt)
- **Fall V**: verifiziertes Empfangen (z.B. wichtige Dokumente von Behörden, auf DNA abgestimmte Medizin, Bestellungen mit Altersschutz)
- **Fall VI**: verifiziertes Versenden (z.B. wichtige Dokumente an Behörden)

Nachdem nun die Szenarien für den Einsatz biometrischer Authentifizierung beschrieben sind, geht es nachfolgend um Authentifizierungsverfahren und im Speziellen um biometrische Systeme, ihren Aufbau und eine geeignete Auswahl für AILD.

2. Hauptteil

2.1 Begriffliche Klärungen

Im Zusammenhang der biometrischen Authentifikation werden nachfolgend einige wichtige Begrifflichkeiten erläutert und voneinander unterschieden.

Biometrie bedeutet biologische Statistik, Zählung und Messung von Lebewesen; *Biometrik* ist das automatisierte Messen eines oder mehrere spezifischer Merkmale eines Lebewesens (e.g. einer Person); *biometrische Identifikation* verfolgt das Ziel, mittels Biometrik spezifizierte Person von anderen unterscheidbar zu machen (Vgl. Behrens & Roth, 2001, S.10).

Auch ist eine begriffliche Unterscheidung bezüglich zwei Arten von biometrischer Authentifikation vorzunehmen. Ein System kann entweder im *Verifikationsmodus*, bei dem eine geforderte Identifikation (1:1) entweder bestätigt oder verworfen wird, oder im *Identifikationsmodus* genutzt werden, bei dem eine bestimmte Person unter vielen bekannten identifiziert wird (1:N) (Vgl. Kees, 2012, S.7).

Laut Jain, Bolle und Pankanti (2006) müssen biometrische Merkmale, um als geeignetes Merkmal für ein biometrisches System zu gelten, vier Kriterien erfüllen. Sie müssen *universal* sein, d.h. bei jeder Person vorhanden. Weiterhin müssen sie *einzigartig*, d.h. bei jeder Person anders, und *permanent*, d.h. zeitlich invariant, sein – wobei kleinere Änderungen von adaptiven Verfahren ausgeglichen werden können. Und zuletzt müssen sie *erfassbar* seln, d.h. sie lassen sich quantitativ erheben.

2.2 Arten von Authentifizierungssystemen: traditionell vs. biometrisch

Es existieren drei unterschiedliche Arten der Authentifizierung: Diese kann auf Wissen, Besitz oder biometrischen Charakteristika basieren. Biometrische Merkmale können weiterhin in physiologiebasiert und verhaltensbasiert unterteilt werden. Beispiele für physiologiebasierte Authentifizierung sind die Iris, das Gesicht und der Fingerabdruck, wohingegen die Stimme, das Tippverhalten und die Unterschrift verhaltensbasiert sind (Vgl. Behrens & Roth, 2001, S.10).

Bei wissens- und besitzbasierten Systemen kommt es nicht selten vor, dass PINs und Passwörter vergessen oder die Zugangskarte verlegt werden. Zudem können sie leicht gehackt werden. Bei biometrischen Authentifizierungsverfahren hingegen handelt es sich nicht um personenbezogene, sondern um personengebundene Merkmale. Diese minimieren die Gefahr von verlieren-vergessen-bestohlen werden.

2.3 Aufbau von biometrischen Systemen

Es gibt zahlreiche unterschiedliche biometrische Merkmale. Dennoch kann ein allgemeingültiger Aufbau eines biometrischen Systems dargestellt werden, der aus insgesamt fünf Teilsystemen entsteht, die im Folgenden beschrieben werden (Vgl. Erdenreich, 2013, S.12ff.).

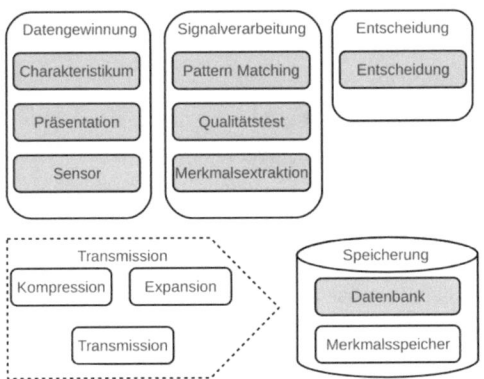

Abbildung 2.1: Aufbau eines biometrischen Systems (aus: Erdenreich, 2013, S.12).
Zwingend erforderliche Komponenten sind mit blauer Farbe unterlegt.

Das Teilsystem *Datengewinnung* ist für die Erfassung des biometrischen Charakteristikums über einen Sensor verantwortlich. Die Ausgabe des Sensors, die als biometrisches Sample bezeichnet wird, ist allgemein von drei Faktoren abhängig: vom biometrischen Merkmal, von der Art und Weise, wie dieses präsentiert wird und von der technischen Realisierung des Sensors.

Wenn die Datengewinnung und die Speicherung bzw. Signalverarbeitung in einem biometrischen System örtlich getrennt werden, ist das Teilsystem *Transmission* unentbehrlich. Sind die zu übertragenden Datenmengen sehr groß, muss zudem eine Komprimierung vor der Übertragung und eine Expansion danach erfolgen. Bei jeder

Kombination von Datenkompression und -expansion ist mit einem Qualitätsverlust zu rechnen, wobei eine steigende Kompressionsrate die Stärke des Verlustes angibt. Das Teilsystem *Signalverarbeitung* wandelt das biometrische Sample nach Komprimierung und Expansion in biometrische Merkmale um. Diese biometrischen Merkmale sollten möglichst viel an Information beinhalten, damit eine bestmögliche Unterscheidung von Individuen erfolgen kann. Die Merkmalsextraktion verantwortet die Erstellung eines Merkmalsvektors, der einer kompakten Aufbereitung der biometrischen Samples gleicht und mithilfe des passenden Pattern Matchings verarbeitet werden kann. Ein Qualitätstest nach der Merkmalsextraktion überprüft, ob das vom Teilsystem Datengewinnung erhaltene biometrische Sample von ausreichender Qualität ist. Wenn dies nicht der Fall ist, kann der Kunde aufgefordert werden, sein Merkmal erneut dem Sensor zu präsentieren. Das Pattern Matching vergleicht den aktuellen Merkmalsvektor mit einem anderen gespeicherten Template. Das Ergebnis des Abgleichs zwischen Merkmalsvektor und Template ist ein numerischer Wert, der die Ähnlichkeit zwischen den beiden genannten angibt. Das Herzstück jedes biometrischen Systems bilden die Merkmalsextraktion und das Pattern Matching. Im Teilsystem Signalverarbeitung sollen möglichst geringe Abstände zwischen Merkmalsvektoren und Templates gleicher Individuen entstehen sowie gleichzeitig möglichst große zwischen Merkmalsvektoren und Templates unterschiedlicher Individuen. Aufgrund von biometrischen, präsentationsbedingten, sensorbezogenen und transmissionsbezogenen Einflüssen können Schwankungen entstehen.

Das Teilsystem *Speicherung* fasst die Templates aller Kunden zusammen, die sich bereits „enrolt" haben. Aus einem Template lassen sich die zugrunde liegenden biometrischen Samples nicht mehr rekonstruieren, aus denen es einst berechnet wurde. Es kann daher nützlich sein, die Samples parallel im Merkmalsspeicher zu hinterlegen, da bei Änderungen im System auch die Templates neu errechnet werden müssen. Nach einer derartigen Überarbeitung können die passenden Templates mithilfe der Daten aus dem Merkmalsspeicher errechnet werden. Somit fällt das erneute Sammeln der biometrischen Samples von allen „enrolten" Kunden weg.

Das Teilsystem *Entscheidung* steuert die Auswahl der Templates aus der Datenbank, mit denen der aktuelle Merkmalsvektor beim Pattern Matching verglichen wird. Als Ausgangspunkt dienen die numerischen Werte aus dem Vergleich des Merkmalsvektors mit den gespeicherten Templates. Auf Basis dieser Werte wird die Entscheidung „Akzeptieren" oder „Abweisen" getroffen (Vgl. Erdenreich, 2013, S.12ff.).

2.3.1 Darstellung des Enrolments

Vor oder bei der ersten Nutzung von AILD müssen die Kunden das Enrolment durchführen, sozusagen ihre biometrischen Merkmale zum Abgleich hinterlegen. Beim Enrolment werden bestimmte biometrische Merkmale eines Kunden extrahiert, ein Template berechnet und in der Datenbank gespeichert. Zwingend erforderliche Schritte sind mit kontinuierlichen Pfeilen dargestellt, optionale mit gestrichelten Pfeilen.

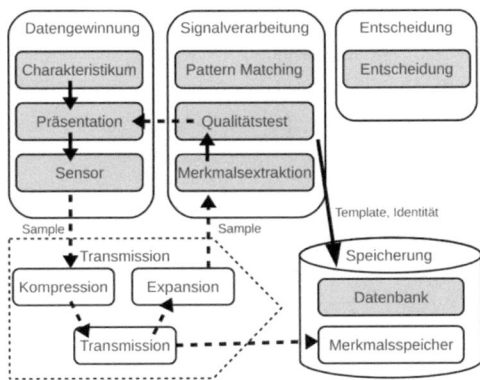

Abbildung 2.2: Ablauf des Enrolments (aus: Erdenreich, 2013, S.17)

Zunächst erfasst ein Sensor das biometrische Charakteristikum. Das Ergebnis des Teilsystems Datengewinnung ist das biometrische Sample, das über die Transmission an das Teilsystem Signalverarbeitung geleitet wird. Wie bereits oben erwähnt, ist das Teilsystem Transmission nicht für alle biometrischen Systeme erforderlich. Bei der Transmission kann das Sample zusätzlich im Merkmalsspeicher hinterlegt werden. Der Merkmalsextraktion anschließend wird die Qualität des Samples überprüft und bei unzureichender Qualität eine erneute Abgabe eines Samples gefordert. In diesem Fall beginnt das Enrolment wieder am Anfang des oben beschriebenen Prozesses. Bei ausreichender Qualität wird aus den biometrischen Merkmalen ein Template berechnet und in der Datenbank gespeichert. Hier wird das Template mit einer Identität verbunden. Beim Enrolment kann es jedoch auch notwendig sein, dass der Kunde mehr als nur ein qualitativ ausreichendes Sample abgibt. Als Beispiel hierfür kann der Kunde mehrere biometrische Samples in Form von Stimmproben abgeben (Vgl. ebd., S.16f.).

2.3.2 Betriebsmodus Verifizierung

Wie bereits oben erwähnt, ergeben sich aus verschiedenen Einsatzzwecken eines biometrischen Systems unterschiedliche Betriebsmodi, wobei zwischen der Verifizierung und der Identifizierung unterschieden wird.
In AILD werden fast ausschließlich biometrische Verifikationen durchgeführt. Dieses ergibt sich aus der Tatsache, dass, bevor eine Ausweispflicht entsteht und das Produkt zwischen AILD und dem Kunden ausgetauscht wird, der Kunde seinen Servicewunsch über das System angibt und dabei ersichtlich ist, um welche Person es sich handelt. So muss die Identität entweder nur bestätigt oder verworfen werden.

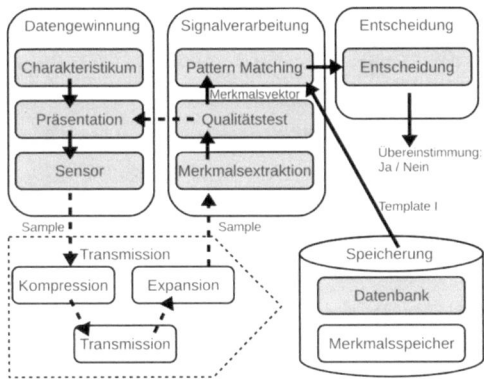

Abbildung 2.3: Ablauf der Verifizierung (aus: Erdenreich, 2013, S.19)

Der Verlauf der Verifizierung gleicht den ersten Schritten des Enrolments: Das Teilsystem Datengewinnung extrahiert ein biometrisches Sample, welches über die Transmission an die Signalverarbeitung übergeben wird. Nach der Merkmalsextraktion wird die Qualität des Samples beurteilt. Sollte diese zu niedrig sein, erfolgt eine erneute Abfrage des biometrischen Merkmals des Kunden. Wenn die Qualität hinreichend ist, wird der gewonnene Merkmalsvektor an das Pattern Matching übergeben. Dort wird ein Abgleich zwischen Merkmalsvektor und dem Template, das mit der vom Kunden angegebenen Identität verknüpft ist, durchgeführt. Das Ergebnis des Abgleichs ist ein numerischer Wert der Ähnlichkeit zwischen Merkmalsvektor und Template. Dieser Wert wird im Teilsystem Entscheidung ausgewertet. Mithilfe eines extern vorgegebenen Schwellenwertes wird der numerische Wert eingeordnet. Ist der numerische Wert größer oder gleich dem Schwellwert, so wird die Verifizierung als erfolgreich angesehen. Andernfalls wird die Verifizierung abgewiesen (Vgl. ebd., S.18ff.).

2.4 Vergleich und Auswahl von biometrischen Authentifizierungssystemen

Im Allgemeinen und zur Steigerung der Sicherheit sind auch Merkmalskombinationen sinnvoll einsetzbar. In der Umsetzung von AILD stechen zwei biometrische Merkmale hervor: die Erfassung des Gesichts kombiniert mit der Stimme. Nachfolgend werden die Gründe hierfür genannt.

Eines der größten Vorzüge sowohl der Gesichts- als auch Stimmerkennung liegt in deren Natürlichkeit. Menschen sind von klein auf daran gewöhnt, andere Menschen am Gesicht und an der Stimme zu erkennen (Vgl. Weber, 2001, S.109). Es ist also keine Umstellung des Kunden notwendig. Zudem ist das Erkennen der Kunden berührungslos. Im Gegensatz dazu erfordern die Fingerabdruck- und Handerkennung direkten Kontakt mit dem Sensor, wohingegen bei der favorisierten Kombination ein Blick in die Kamera oder das Sprechen in ein Mikrofon genügen. Damit einher geht auch der unaufdringliche Charakter der beiden Verfahren. Die Kunden müssen, wenn überhaupt, eine geringe Anpassung an das System vornehmen, sie müssen aber nicht anhalten und eine bestimmte Position am Sensor einnehmen wie bei der Iriserkennung. Der Vorteil der Kosten von Kameras und Mikrofonen im Gegenzug zu Fingerabdruck- oder Irisscanner wird hier bewusst aus Gründen der vereinbarten unendlichen finanziellen Mittel nur kurz erwähnt.

Die Nachteile von biometrischen Authentifizierungen im Allgemeinen lassen sich aber nicht leugnen. So ist eine gewisse Fehlervarlabilität zu akzeptieren und vor allem die Thematik um sensible Daten und deren Schutz vor unbefugtem Zugriff darf nicht außer Acht gelassen werden (Vgl. ebd., S.110). Allerdings wird dieser Punkt in diesem Kapitel nicht behandelt.

Die folgenden Abschnitte thematisieren die für das AILD favorisierten biometrischen Verfahren Gesichtserkennung und Stimmerkennung.

2.4.1 Gesichtserkennung

Bei der physiologiebasierten biometrischen Authentifizierung *Gesichtserkennung* wird das Gesicht mithilfe einer normalen Videokamera lokalisiert und hinsichtlich typischer Gesichtsmerkmale ausgewertet. Markante Punkte wie die Augen, Nase, Mund und Kinn werden hierfür herangezogen und deren Beziehung bestimmt. Die Abstände und Winkel dieser Merkmale zueinander sind für jede Person eindeutig und stellen den sogenannten biometrischen Token dar. Dieser wird einmalig als Template gespeichert und dient somit bei jeder angefragten Identifikation zum Abgleich.

Nach dem Beispiel der Technologie hinter Face ID (Vgl. Apple Inc., 2018) verfügen die Drohnen, genauer gesagt die Kamera der Drohnen, über einige Komponenten, die die Gesichtserkennung erst möglich machen: eine Infrarotkamera, ein *flood illuminator* und ein *dot projector*. Der *flood illuminator* beleuchtet das Gesicht mithilfe des Infrarotlichts, das für das menschliche Auge unsichtbar ist. Sobald die Position des Gesichts bekannt ist, werden 30.000 Infrarotpunkte auf das Gesicht projiziert, so dass ein einzigartiges 3D Abbild des Gesichts entsteht. Das Infrarotlicht hat den entscheidenden Vorteil auch bei schlechten Lichtverhältnissen zu funktionieren. Die Infrarotkamera erfasst anschließend die 3D Tiefenkarte, die mithilfe der Infrarotpunkte simuliert und in eine mathematische Darstellung des Gesichts umgesetzt wird. Diese Darstellung wird im Matching Module mit dem im digitalen biometrischen Profil angelegten Gesichtsdaten verglichen und bei Übereinstimmung erfolgt ein positives Ergebnis.

Änderungen am Erscheinungsbild werden vom System automatisch erfasst, beispielsweise das Tragen eines Hutes oder Bartwuchs. Ändert sich das Äußere deutlich, beispielsweise durch das Abrasieren eines Vollbarts, lässt sich das digitale biometrische Profil die Identität des Endkunden über eine zufällig gewählte Methode (z.B. Stimmerkennung) bestätigen, bevor es die Gesichtsdaten aktualisiert.

2.4.2 Stimmerkennung

„An old friend telephones you unexpectedly and you know who it is before he declares himself. […] You know that the voice behind you in the crowded elevator is unfamiliar, but you develop a clear notion of the age and sex of the speaker and some indication about the region of the country where the speaker was born"
(Bricker & Pruzansky, 1974, S.295, aus: Kneidl, 2016, S.2)

Die verhaltensbasierte biometrische Authentifizierung *Stimmerkennung* wertet, vereinfacht dargestellt, das Amplitudenspektrum aus, um Rückschlüsse auf die anatomischen Eigenheiten des Kunden zu ermöglichen. Die Stimme als Grundlage für ein biometrisches System hat den großen Vorteil der Natürlichkeit. Erhält man beispielsweise einen Telefonanruf, ist man meist schon nach wenigen Worten in der Lage, die anrufende Person korrekt zu identifizieren (Vgl. Erdenreich, 2013, S. 8f.).

Die Stimme ist die natürlichste und zweifelsfrei seit Jahrmillionen die wichtigste akustische Art, über die wir Menschen kommunizieren. Sie ist ein einzigartiges Personenmerkmal. Wenn jemand spricht, enthält das Gesprochene Informationen über Anatomie, Physiologie, linguistische Erfahrung und psychische Verfassung. Die Individualität der Stimme wird durch die Form und Größe des Vokaltrakts, der Lippen, der Nasenhöhlen und des Mundes sowie durch die Bewegung der Lippen, des Kiefers, der Zunge, des Gaumens und des Kehlkopfes bestimmt. Weiterhin entstehen Unterschiede aufgrund von Vererbung, Geschlecht und Alter wie durch erlernte Faktoren wie Dialekte, Soziolekte (verbale Ausdrucksfähigkeit, die Rückschlüsse auf Bildungsgrad geben) und Idiolekte (Lispeln, Stottern). Zusätzlich beeinflussen Intonation, Artikulationsgeschwindigkeit (Sprachtempo) und Atemverhalten (Frequenz, Dauer) die Stimme (Vgl. Kneidl, 2016, S.2; Vgl. Dellwo, 2007, S.1f.).

Die Stimmerkennung kann in zwei Typen aufgeteilt werden: textabhängig und textunabhängig. Die textabhängige Variante funktioniert über Schlüsselwörter oder Sätze, während die textunabhängige flexibler ist und anhand eines beliebigen Textes ausgeführt wird. Die Textunabhängigkeit spricht für eine praktische und bequeme Anwendung, da der Sprecher frei zum System sprechen kann und soll somit als Variante für AILD dienen. Allerdings erfordert sie ein längeres Training und Testen von Aussagen, um ein gutes Ergebnis zu erzielen. (Vgl. Shah, 2014, S.105).

Die Herausforderung der biometrischen Erkennungssysteme liegt darin, dass nicht eine Gleichheit der Merkmale, sondern nur eine hinreichende Ähnlichkeit berechnet werden kann. Denn die Stimmmerkmale werden jedes Mal mit Abweichungen zur Referenz erfasst. Es werden andere Sensoren (Mikrofon) verwendet oder es treten Hintergrundgeräusche auf, Heiserkeit zum Beispiel ändert und verzerrt das biometrische Merkmal. Hinzu kommen natürliche, altersbedingte Veränderungen des Körpers. Deshalb sind die gewonnenen biometrischen Merkmale nie gleich und es kann nur mit prozentualen Ähnlichkeitswerten gearbeitet werden. Selbst beim Enrolment kann es zu Messfehlern kommen, z.b. durch einen defekten oder ungenau kalibrierten Sensor oder durch eine nicht sachgemäße Bedienung oder Störgeräusche. Die so entstehenden Ungenauigkeiten muss das biometrische System ausgleichen.

3. Resumee und Ausblick

Das Ziel dieses Kapitels ist es zu beschreiben, wie biometrische Authentifizierungsverfahren innerhalb von AILD eingesetzt werden können.
Hierbei werden zunächst begriffliche Erläuterungen sowie ein kurzer Vergleich zwischen traditionellen und biometrischen Systemen vorgenommen. Weiterhin liegt der Fokus auf dem Aufbau eines biometrischen Systems, wobei die einzelnen fünf Teilsysteme detailliert betrachtet werden. Im Zusammenhang mit der Einbindung der Kunden und dem Einsatz von biometrischen Merkmalen wird erstens der Ablauf des Enrolments vorgestellt, den die Kunden durchlaufen müssen, um ihre Bestellung in bestimmten Situationen entgegennehmen oder abgeben zu können. Zweitens ist der Verlauf der Verifizierung beschrieben, da in unserem Beispiel die Verifizierung – und nicht Identifizierung – ausreichend ist. Nach den ausführlichen Darstellungen der Abläufe werden verschiedene biometrischen Authentifizierungssysteme vergleichen, indem Vorzüge und Nachteile gegeneinander abgewogen werden, so dass am Ende zwei biometrische Authentifizierungsverfahren für AILD als am sinnvollsten erscheinen: die Gesichtserkennung und die Stimmerkennung. Diese beiden Verfahren werden anschließend in der Theorie und mit ihren Besonderheiten erläutert.
Diese Arbeit stellt lediglich eine von vielen Ideen dar und ist aus Gründen der Rahmenbedingungen nicht darauf ausgelegt, Methoden und Techniken zu nennen und zu vertiefen. Weiterhin wird hier auch nicht auf den ethischen, rechtlichen, politischen und sozialen Kontext der Verwendung von biometrischen Merkmalen eingegangen, die in ihrer Bedeutsamkeit und ihrem Umgang unterschiedlich stark gewichtet werden können. Bezüglich der gewählten Kombination von Verfahren (Gesichtserkennung und Stimmerkennung) lässt sich abschließend sagen, dass diese beliebig mit passenden biometrischen Verfahren erweitert oder ausgetauscht werden können, sodass vor allem eine steigende Sicherheit betrachtet, aber auch unter anderem eine Lösung für Personen mit Einschränkungen (z.B. stumme, taubstumme Personen) gefunden wird.

Abbildungsverzeichnis

Abbildung 2.1: Aufbau eines biometrischen Systems

Abbildung 2.2: Ablauf des Enrolments

Abbildung 2.3: Ablauf der Verifizierung

Literaturverzeichnis

Apple Inc. (2018). *Informationen zur fortschrittlichen Technologie von Face ID.* https://support.apple.com/de-de/HT208108.. (Stand: 20.11.18)

Behrens, M. & Roth, R. (2001). *Grundlagen und Perspektiven der biometrischen Identifikation.* In: Biometrische Identifikation: Grundlagen, Verfahren, Perspektiven. (1. Auflage). Braunschweig, u.a.: Springer. 8-26.

Dellwo, V. et al. (2007). *How Is Individuality Expressed in Voice? An Introduction to Speech Production and Description for Speaker Classification.* In: Müller, C. Speaker Classification I. Fundamentals, Features, and Methods. Berlin, u.a.: Springer. 1-20.

Erdenreich, S. (2013). *Negative Identifizierung anhand des Tippverhaltens bei Verwendung fester und freier Textbestandteile.* Wiesbaden. Springer.

Jain, A. et al. (2006). *Biometrics. Personal Identification in Networked Society.* Boston, u.a.: Springer.

Kees, B. (2012). *Gesichtserkennung.* Humboldt-Universität zu Berlin. Institut für Informatik.

Kneidl, O. (2016). *Untersuchung der Stimmerkennung bei aphasischen und nicht-aphasischen Patienten.* Universität Bielefeld. Fakultät für Linguistik und Literaturwissenschaft.

Shah, H. N. M. et al. (2014). *Biometric Voice Recognition in Security System.* In: Indian Journal of Science and Technology. Vol 7(2). 104-112.

Weber, F. (2001): *Gesichtserkennung.* In: Behrens, M. & Roth, R. (2001). Biometrische Identifikation: Grundlagen, Verfahren, Perspektiven. (1. Auflage). Braunschweig, u.a.: Springer. 105-128.

Zinke, J. (2001): *Sprechererkennung.* In: Behrens, M. & Roth, R. (2001). Biometrische Identifikation: Grundlagen, Verfahren, Perspektiven. (1. Auflage). Braunschweig, u.a.: Springer. 159-178.

BEI GRIN MACHT SICH IHR WISSEN BEZAHLT

- Wir veröffentlichen Ihre Hausarbeit, Bachelor- und Masterarbeit

- Ihr eigenes eBook und Buch - weltweit in allen wichtigen Shops

- Verdienen Sie an jedem Verkauf

Jetzt bei www.GRIN.com hochladen und kostenlos publizieren